सब इतना असमाप्त

(कविताएँ)

सब इतना असमाप्त

कुँवर नारायण

राजकमल प्रकाशन

ISBN : 978-93-88183-59-8

मूल्य : ₹295

पहला संस्करण : 2018

प्रकाशक : राजकमल प्रकाशन प्रा. लि.
1-बी, नेताजी सुभाष मार्ग, दरियागंज
नई दिल्ली-110 002

शाखाएँ : अशोक राजपथ, साइंस कॉलेज के सामने, पटना-800 006
पहली मंज़िल, दरबारी बिल्डिंग, महात्मा गांधी मार्ग, इलाहाबाद-211 001
36 ए, शेक्सपियर सरणी, कोलकाता-700 017

वेबसाइट : rajkamalprakashan.com
ई-मेल : info@rajkamalprakashan.com

मुद्रक : यश प्रिंटोग्राफिक्स
नोएडा-201 301 (उत्तर प्रदेश)

SAB ITNA ASAMAPT
Poems by Kunwar Narain

कुछ शब्द

'सब इतना असमाप्त' की कविताएँ कुँवर नारायण अपने सामने ही ठीक करवा रहे थे। अधिकांश कविताओं का चयन उन्होंने करवा दिया था। संकलन के लिए कविताओं का चुनाव कुँवर जी के लिए हमेशा एक स्वाभाविक प्रक्रिया का नतीजा रहा है। हमारी भी यही कोशिश रही है कि इस प्रक्रिया को ध्यान में रखा जाय। हमने उनकी फ़ाइलों से कुछ और कविताएँ भी शामिल कर ली हैं। उन्होंने कुछ ग़ज़ल और गीत भी लिखे हैं, जिन्हें इस संग्रह में ले लिया गया है। कुँवर जी कभी भी अपने लेखन को प्रकाशित कराने की उत्सुकता में नहीं रहे हैं। इसलिए कई बार उनकी लिखी हुई सामग्री फ़ाइलों में ही रह जाती थी, जिसमें अंग्रेज़ी-हिंदी दोनों में गद्य और कविताओं के अधूरे-पूरे अंश मिले-जुले हैं। अभी भी नोटबुक और डायरियों में ऐसी कविताएँ हैं जिन पर बाद में विचार करना पड़ेगा।

पिछले कुछ वर्षों से, देखने की समस्या होने पर, कुँवर जी बोल कर लिखवाते रहे हैं। इस पर कई बार हम लोगों से बातें होती रहती थीं। अपने कविता संकलन कुँवर जी ख़ुद ही तैयार करते रहे हैं। इसलिए हमें यह संग्रह बनाने में थोड़ा असमंजस तो रहा ही है, हम सब लगातार दर्द और ख़ालीपन से भी गुज़रते रहे हैं। इस संग्रह की पांडुलिपि पुत्र अपूर्व के साथ मिल कर तैयार की है। इस कार्य में पंकज बोस ने भी कई स्तरों पर सहयोग किया है जिसके लिए हम उसके आभारी हैं।

इस संग्रह की रचनाओं का क्षेत्र विस्तृत है। विभिन्न विषयों पर, उनके संदर्भों के अनुरूप, लिखी गयी कविताएँ हैं। गम्भीर और बहुआयामी आशयों की कविताएँ अक्सर सहज भाषा में लिखी गयी हैं। कुछ कविताएँ आत्मकथात्मक हैं। ये इधर के वर्षों की उनकी मन:स्थिति को प्रकट करती हैं, जैसे कि एक प्रेम–भाव की निरंतरता; बढ़ती उम्र और मृत्यु के ख़्याल; और बिगड़ते हुए समाज की चिन्ता। इन सबके बीच से निकलती हुई एक दूरदृष्टि और दर्शन भी इन कविताओं में है। पूरे संकलन में एक ख़ास तरह की प्रबुद्ध उदासी का भाव है। कुँवर नारायण हमेशा अपनी बात बहुत धीमे स्वर में, लेकिन पूरी स्पष्टता और साहस से कहते रहे हैं। उनके व्यक्तित्व में जो सादगी, संवेदनशीलता और सौम्यता है, वह उनकी कविताओं में भी परिलक्षित होती है।

—भारती नारायण

अनुक्रम

शब्द तक	11
पत्थर के प्राण	12
ज़रा देर से इस दुनिया में	13
निकटता	14
पहले सोचता हूँ	15
आवाज़ें	16
अजीब-सी चुप्पी	18
शब्द जो खो जाते हैं	19
अंकोर वाट	21
ग़ैर हाज़िर पात्र	22
क्या हम सब कुछ जानते हैं	24
जितना ही ख़ुश रखना चाहता हूँ	26
मेरे दु:ख	27
ईश्वर साक्षी है	28
बुरे वक़्तों की कविता	29
मेरी कहानी	30
ओरछा की एक हवेली में	31
अधूरी कविताएँ	32
आग का फूल	34
काग़ज़ का एक टुकड़ा	35

आतिथ्य 36
पदयात्री 37
जंगली गुलाब 38
क्या काम करती हैं चिड़ियाँ 39
कुछ छोटी कविताएँ 41
मेरे इतने पास 46
निसर्ग 47
रागानुराग 49
बराबरी की भाषा में 50
आख़िर तुम 51
आहट का उजाला 53
तेलीमेना 54
अपनी जीवनी में 55
अब 56
अभी पूरा नहीं हुआ जीवन से मेरा रोमांस 57
मेरा पंछी-मन 58
ताबूत की सुन्दरी 59
वे क्यों हारे 60
दीवार पर धूप 62
शब्दों के आरपार 63
दूसरा यथार्थ 64
उस दर्द को 65
बेचैनी 66
लिस्टों से बाहर 67
लाइन में 69
उड़े तो फिर ऐसा उड़े 70
समास 71
अमर-पक्षी 72
'मैं' का पूरा मतलब 73
मानव-श्रृंखला 74
सूर्योदय की प्रतीक्षा में 75

अर्थ-शास्त्र	76
दौलत की बदौलत	77
बदलना चाहिए	78
सारे समय बात	79
फागुन-1, 2	80
कुछ अश्आर	84
गौरैया	87
बहन को याद करते हुए	89
यादें	90
जीवनोत्सव	92
पुरस्कार	93
जंगल की किताब	94
रहे हुए घरों में	96
लम्बी उड़ान	97
अमरत्व से थका आकाश	99
जब वह नहीं रहता	100
ऐ हवा	102
अन्तर्दृष्टि	103
राग भटियाली	104
उतना ही असमाप्त	105

शब्द तक

व्यर्थ है
बहुत दूर तक उसे सोचना
जो आसमान में एक बिन्दु भर जगह
और पल भर समय में संचित है।

मैं तब की बात कर रहा हूँ
जब तुम रुकोगे कुछ देर

अभी बहुत उतावली में हो
कहीं और जाने की
कुछ और पाने की
कुछ से कुछ और हो जाने की...

बात तब की है
जब केवल मेरे शब्द होंगे मेरी जगह

तब उस विकलता को समझोगे
जो सब कुछ—शब्द तक—
यहीं छोड़ जाने में होती है।

पत्थर के प्राण

पहली चोट पड़ते ही
पत्थर से ध्वनित हुआ   आह

इससे जाना कि पत्थरों में भी
होते हैं प्राण।

कहाँ बसते हैं ये प्राण
यह जानने के लिए

चोटें पहुँचाता रहा
सधे हुए हाथों से मूर्तिकार...

पूरी मूर्ति को एक शिला से
काट कर बाहर निकाल लिया

तब जाना शिला के हृदय को
जहाँ एक घाव बचा रह गया था।

मूर्तिकार देख रहा था अपने
लहूलुहान हाथों को...

ज़रा देर से इस दुनिया में

मैं ज़रा देर से इस दुनिया में पहुँचा

तब तक पूरी दुनिया
सभ्य हो चुकी थी

सारे जंगल काटे जा चुके थे
जानवर मारे जा चुके थे
वर्षा थम चुकी थी
और तप रही थी पृथ्वी
आग के गोले की तरह...

चारों तरफ़ लोहे और कंक्रीट के
बड़े बड़े घने जंगल उग आए थे
जिनमें दिखायी दे रहे थे
आदमी का ही शिकार करते कुछ आदमी
अत्यन्त विकसित तरीक़ों से...

मैं ज़रा देर से इस दुनिया में पहुँचा

निकटता

अकेलापन एक तरह की दूरी है
          अपने से

कभी कभी कहीं दूर
छोड़ कर अपने को
लौट आता हूँ परायों के पास,
पराये की तरह सोचता हूँ—
          यह कैसा आसपास
          जिसमें सभी दूर दूर।

अनायास एक दूरी से कहता—'हेलो·दूरी'!
वह हँस देती।

हँसी भी एक तरह की निकटता है।

एक ढीठ उत्प्रेक्षा
          मेरे पास सरक आती

          न जाने कितनी दूरियों को दूर ढकेलते हुए।

पहले सोचता हूँ

मैं पहले सोचता हूँ—अतः शब्द हूँ—
यही मेरे कर्मों की भूमिका है।

पूर्व-चिन्तन में धारण करता हूँ
वह भाषा में बाँधता है
उस सब को जो हो चुका है, जो हो सकता है,
और चुन लेता हूँ उसे
जिसे चाहता हूँ कि हो।

द्रष्टा हूँ, विमुख नहीं,
विचार करते या कर्म करते या शब्द देते
सब को समेटती एक निःसंग आत्मीयता
जिसमें न विह्वलता न कातरता न आत्मदया—
केवल एक खोज का अनवरत जीवन-चक्र।

आवाज़ें

यह आवाज़
लोहे की चट्टानों पर
चुम्बक के जूते पहन कर
दौड़ने की आवाज़ नहीं है।

यह आवाज़
चट्टानों के टूटने की भी नहीं है
घुटनों के टूटने की आवाज़ है।

ये चिल्लाहटें
यह कोलाहल
दो सेनाओं के टकराने की आवाज़ है।

जो लड़ कर पाना चाहते थे शान्ति
यह कराह
उनकी निराशा की आवाज़ है।

जो कभी एक बसी बसाई बस्ती थी
यह उसके उजाड़ की
सहमी हुई आवाज़ है।

बधाई उन्हें जो सो रहे बेख़बर नींद
और देख रहे कोई मीठा सपना
यह उनके खर्राटों की आवाज़ है।

कुछ आवाज़ें
जिनसे बनते हैं हमारे अन्तःकरण,
इतनी सांकेतिक और आंतरिक
कि उनके न रहने पर ही
हम जान पाते हैं कि वे थीं—

सूक्ष्म कड़ियों की तरह
हमें एक दूसरे से जोड़ती हुईं
अदृश्य शृंखलाएँ।

जब वे नहीं रहतीं तो भरी भीड़ में भी
हम अकेले होते चले जाते हैं।

मेरे अन्दर की यह बेचैनी
ऐसी ही किसी मूल्यवान कड़ी के
टूटने की आवाज़ तो नहीं?

अजीब-सी चुप्पी*

एक अजीब-सी चुप्पी में
शामिल हो गया है मेरे साथ
पूरा आकाश

उमड़ने गरजने कड़कने टकराने और बरसने की आवाज़ें
आकाश की नहीं
घमण्डी बादलों की हैं

आँखें और कान बन्द करके
ध्यान से सुना जा सकता है उन्हें

वे नैसर्गिक नाभिकीय आवाज़ें—
सुनायी देतीं जैसे शंख में गूँजते समुद्र
दिखायी देतीं भृकुटियों के बीच
लहराती नभगंगाएँ

सिर पर बिजलियाँ सजाये
बादलों का युद्ध-घोष
सुनायी नहीं देता उस चुप्पी में
जिससे बाहर रह जाता बाहर का शोर।

कभी कभी जब टूटती है यह चुप्पी
जो सदियों से जी रही एक अभिशप्त जीवन

दहल जाती है पूरी पृथ्वी।

---

* *यह कविता 'बाहर का शोर' शीर्षक से प्रकाशित हो चुकी है*

शब्द जो खो जाते हैं*

हमारी भाषा की सीमाएँ हमारे संसार की सीमाएँ हैं—विट्गेनश्टाइन

कुछ शब्द हैं
जो अपमानित होने पर
स्वयं ही जीवन और भाषा से
बाहर चले जाते हैं।

'पवित्रता' ऐसा ही एक शब्द है
जो अब व्यवहार में नहीं,
उसकी जाति के शब्द
अब ढूँढ़े नहीं मिलते
हवा पानी मिट्टी तक में।

ऐसा कोई जीता जागता उदाहरण
दिखायी नहीं देता आजकल
जो सिद्ध और प्रमाणित कर सके
उस शब्द की शत-प्रतिशत शुद्धता।

ऐसा ही एक शब्द था 'शान्ति'।
अब विलुप्त हो चुका उसका वंश,
कहीं नहीं दिखायी देती वह
न किसी के अन्दर न बाहर,
कहते हैं मृत्यु के बाद वह मिलती है।

---

* *यह कविता 'पवित्रता' शीर्षक से प्रकाशित हो चुकी है*

मुझे शक होता है
ऐसी हर चीज़ पर
जो मृत्यु के बाद मिलती है।

शायद 'प्रेम' भी ऐसा ही एक शब्द है
जिसकी अब यादें भर बची हैं
भाषा में।

ज़िन्दगी से पलायन करते जा रहे हैं
ऐसे तमाम तिरस्कृत शब्द
जो कभी उसका गौरव थे।

वे कहाँ चले जाते हैं
हमारी दुनिया को छोड़ने के बाद।

शायद वे एकान्तवासी हो जाते हैं
और अपने को इतना अकेला कर लेते हैं
कि फिर कोई भाषा उन तक पहुँच नहीं पाती।

अंकोर वाट*

वट वृक्ष से नीचे
ख़ामोश उतरती हैं जड़ें
विह्वल आत्माएँ

मन्दिरों के महावन में
प्रवेश करती हैं
हाथ जोड़े प्रार्थी जड़ें

पत्तियों के मर्मर में गूँजती हैं दीक्षाएँ
सुदूर प्रार्थनाएँ

मंद हवाओं में झूमते हैं मन्दिर
शिलाओं का शिल्प हो गयी हैं शाखाएँ
शाखाओं की कोमलता हो गयी हैं शिलाएँ
दोनों एक परमत्व में तन्मय
सदियों से समाधिस्थ
वट वृक्ष तले
ध्यानमग्न बोधिसत्त्व

किसी पोल पोट के नृशंस यथार्थ के विरुद्ध
कलाओं का शान्तिवन
रचता
महाकरुणा का अतियथार्थ

---

* *पोल पोट (1925–98) : कम्बोडिया का तानाशाह, जिसकी नीतियों ने वहाँ की एक चौथाई से अधिक आबादी ख़त्म की*

ग़ैर हाज़िर पात्र

रोज़ खुलती दुनिया की पाठशाला में
एक अनुपस्थित छात्र कहता—
मैं छात्र नहीं पात्र हूँ
और यह पाठशाला नहीं नाट्यशाला है,
अपने अभिनय को दुहराते हुए हू-ब-हू
दर्ज कराता हूँ अपनी उपस्थिति मंच पर।

मैं पहला और अन्तिम राजा हूँ
इस नाटक में
सारी मंच-सज्जा और पात्र-व्यवस्था का
आधार मैं हूँ—मेरा उत्थान और पतन।

मैं दरअसल एक मामूली-सा आदमी हूँ,
एक तंग गली के छोटे-से मकान में रहता हूँ
और एक पंसारी की दुकान में काम करता हूँ
          जो स्टेज पर आते ही बदल जाता है
          एक महानायक में।

न मेरी मूँछें असली हैं, न कमर में बंधी तलवार,
          न पोशाक
एक छद्म है यह सिंहासन,
और जो बनती है मेरी रानी
एक त्रासदी है उसकी भी कहानी।

असलियत सबको पता है
घर घर की...

दर्ज की जाए
कल से मेरी ग़ैर हाज़िरी।

क्या हम सब कुछ जानते हैं

क्या हम सब कुछ जानते हैं
एक दूसरे के बारे में

क्या कुछ भी छिपा नहीं होता हमारे बीच
कुछ घृणित या मूल्यवान
जिन्हें शब्द व्यक्त नहीं कर पाते

जो एक अकथ वेदना में जीता और मरता है
जो शब्दित होता बहुत बाद
जब हम नहीं होते
एक दूसरे के सामने
और एक की अनुपस्थिति विकल हो उठती है
दूसरे के लिए।

जिसे जिया उसे सोचता हूँ
जिसे सोचता उसे दोहराता हूँ
इस तरह अस्तित्व में आता है पुन:
जो विस्मृति में चला गया था
जिसकी अवधि अधिक से अधिक
सौ साल है।

एक शिला-खण्ड पर
दो तिथियाँ
बीच की यशगाथाएँ

हमारी सामूहिक स्मृतियों में
संचित हैं।

कभी कभी मिल जाती हैं
इस संचय में
व्यक्ति की आकांक्षाएँ
और विवशताएँ

तब जी उठता है
दो तिथियों के बीच का वृत्तान्त।

जितना ही ख़ुश रखना चाहता हूँ

दाभोलकर, पानसरे और कलबुर्गी की हत्या के बाद

जितना ही ख़ुश रखना चाहता हूँ
उतनी ही उदास होती जाती हैं मेरी कविताएँ
विह्वल प्रार्थनाओं में बदल जाते हैं शब्द

बीहड़ रेगिस्तानों में
बंजारों की तरह भटकते
या काल्पनिक अभयारण्य में
शरण पाना चाहते हैं वे

जितना हम चाहते हैं बड़ा फ़ासला बना रहे
अत्याचारी और निर्दोष जन के बीच
उतना ही भयानक होता जाता
हमारे समय का सच

नृशंस हत्याओं का रक्त
जल्दी सूखने से इनकार करता
उसकी चिनगारियाँ दूर तक पहुँचतीं

हमें आक्रांत करता
एक आदिम अँधेरा
होता जाता है गहरा
और गहरा

मेरे दुःख

यह कैसा शोर
क्यों भाग रहीं बदहवास हवाएँ
जंगलों की ओर
इतनी बेचैन क्यों है यह सुबह
क्या हुआ रात भर

डर लगता किसी से पूछते
कि क्या हुआ सारी रात
लोग कह रहे दबी ज़बान से
शायद कभी नहीं बीतेगा बुरा वक़्त।

अख़बार पढ़ते घबराहट होती—
हत्याएँ बलात्कार लूटपाट
शहरों में, बस्तियों में
रोज़ यही हादसा होता
कोई आदमख़ोर निकलता
और माँ के बग़ल में सोयी
बच्ची को उठा ले जाता।

विचित्र समन्वय है
कि अब मुझे दुःस्वप्नों से अधिक
यह यथार्थ विचलित करता...

अब मेरे दुःख मुझे चौंकाते नहीं
उनसे एक रिश्ता बन गया है
जैसे जीवन और प्रकृति से।

ईश्वर साक्षी है

जन्म लेते ही हमने शपथ ली थी
ईश्वर को साक्षी बनाकर
कि हम लड़ेंगे नहीं—
        क्यों कि हम
        पिता-पुत्र हैं
        भाई-भाई हैं
        नाते-रिश्तेदार हैं
        दोस्त और प्रियजन हैं।

फिर हमने शपथ ली
लड़ाई के मैदान में
ईश्वर को साक्षी बनाकर—
        कि हम में से कोई पीछे नहीं हटेगा
        क्यों कि यहाँ कोई किसी का सगा नहीं
        सब एक दूसरे के दुश्मन हैं
        सब की अपनी अपनी लड़ाई है।

लड़ाई आज भी जारी है
लोग आज भी लड़ मर रहे हैं

ईश्वर साक्षी है।

बुरे वक़्तों की कविता

ब्रेख़्त को याद करते हुए

कैसी हो ऐसे
बुरे वक़्तों की कविता?

कवि बदलते
कविताएँ बदलतीं
पर बदलते ही नहीं बुरे वक़्त।

बहुत-सी मुश्किलें
ढूँढ़ती हैं शब्द आसान भाषा में
चाहती हैं कि वे उठें बूँद-बूँद
भाप की तरह गहरे समुद्रों से
पहाड़ों से टकरायें बादलों की तरह
घेर कर बरसें पृथ्वी को
जैसे आँधी पानी बिजली...

और बहा ले जाए बुरे वक़्तों को
बुरे वक़्तों की कविता।

कैसे हो बुरे वक़्तों की कविता...

मेरी कहानी

मैं अपनी कहानी में नहीं हूँ

मैं केवल उसका गल्पकार हूँ
जो एक कहानी कह रहा है
प्रथम पुरुष पुल्लिंग में

ऐसी तमाम कहानियों को
पढ़ चुका हूँ

सब पढ़े हुए के सारांश को
इस तरह दुहरा रहा हूँ कि वह
एक नया प्रबन्ध लगता है

कहने की तकनीक में होशियारी है
कल्पित भी सच लगता
कि आपबीती
और जगबीती में फ़र्क़ नहीं लगता

जहाँ अपने अन्त तक पहुँचता लगता है वृत्तान्त
वहीं से शुरू होती
फिर दूसरी कहानी

ओरछा की एक हवेली में

वहाँ कोई दिखायी नहीं दे रहा था
फिर भी ख़ासी रौनक़ थी

झरोखों के पीछे कमरे
आँखों से भरे लगते थे।

वे आँखें अपने समय में जी रही थीं
और मैं एक दूसरे समय का व्यक्ति
जा कर बरबस
उनके जलसे में शामिल हो गया था।

दूर से आ रही थीं नाचने-गाने की ध्वनियाँ
पर राग उतने ही पक्के थे जितने आज,
और नृत्य-मुद्राएँ इतनी सजीव
मानो किसी चित्र या शिल्प से
अभी अभी निकल कर बाहर आई हों।

मैंने सोचा यह जादू
केवल कलाओं में ही सम्भव है
कि वे किसी भी काल से
तत्काल में चली आयें अनायास—
तब और अब के फ़ासलों को लाँघते हुए।

मैं एक पुरानी हवेली की दर्शक-दीर्घा में बैठा हूँ
और यह उत्सव
हवेली से भी बहुत पहले का है।

अधूरी कविताएँ

छूट जाती हैं कविताएँ
कभी कभी
ज़िन्दगी की तरह
कहीं भी कभी भी

उन्हें पूरा करने की
छोटी–सी मंशा भी
बड़ा मंसूबा लगती

नहीं लाना चाहता
कविताओं का अन्त

उस जीवन्त नाते को
बनाये रखना चाहता हूँ
जिसे समाप्त कर देता है अन्त

बस, चाहता हूँ लिखना
शुरुआतों और उम्मीदों से
चमकती हुई कविताएँ

जिन्हें पढ़ा जा सकता है
क्रमानुसार नहीं
व्यतिक्रमानुसार
शुरू से अन्त तक नहीं

अन्त से शुरू तक
या मध्य से मध्य तक

जैसे भटका जाता है जंगलों में
बस, कहीं भी कभी भी...

आग का फूल

हम चुप थे
क्यों कि किसी भी शब्द से
ध्वनित होते ही
हमारा उस तरह होना
बदल जा सकता था
फिर एक विवादी स्थानिकता में
जो अब हमारे एकान्त का
बिल्कुल बाहरी हिस्सा था।

यह जिन विषयों की निष्पत्ति है
उसमें अब ऋतुक्रम नहीं,
एक उपाख्यान के
विदग्ध पृष्ठों में दबा हुआ
आग का एक फूल है।

यहाँ से वापस लौटना
अब न तो सम्भव ही है
न आवश्यक।

सामने 'कुछ नहीं' या 'सब कुछ' का
आमन्त्रित करता विस्तार है :
जिसमें तारे चमक रहे

काग़ज़ का एक टुकड़ा*

हाथ में लेते ही क़लम
काग़ज़ का एक टुकड़ा
हो जाता है फैल कर
मेज़ से भी बड़ा

क्षितिज तक फैल जाता
मेज़ का भूरा मैदान
मैदान हो जाती पृथ्वी
पृथ्वी जैसे आसमान

इस चुनौती को चुपचाप
स्वीकार करती है क़लम,
काग़ज़ पर होता है
शब्दों का जन्म।

---

* *यह कविता 'चुनौती' शीर्षक से प्रकाशित हो चुकी है*

आतिथ्य

कन्धों पर धूप की पीली चादर डाले
सड़क के किनारे चुपचाप खड़े
एक व्यक्ति-से लगते वृक्ष से मैंने पूछा
अतिथि-गृह का रास्ता...

वह चुप रहा,
फिर पूछा तब भी चुप रहा

मैं आगे बढ़ने को हुआ
तो लगा उसने कुछ कहा तो था...

शायद मैं ही उसकी भाषा को
नहीं समझ सका था, जो
एक छाया की तरह विनम्र
और एक मर्मर की तरह हार्दिक थी

पदयात्री

आगे बढ़ने की हड़बड़ी में
कहीं पीछे तो नहीं छूट गईं
वे सुरम्य जगहें
जहाँ हम पहुँचना चाहते थे

जहाँ हैं वहाँ से भी
दिखाई देता है
वही सब उतनी ही दूर

बर्फ़ से ढके पहाड़ों की ऊँचाइयाँ
जगमगाती भव्यताएँ, चोटियाँ
अपनी ही परिक्रमा करती यात्राएँ

निकट की सुन्दरताओं को
लीलती चली जातीं
अन्धी रफ़्तारें...

जब कि ऊँचाइयों तक
पहुँचने के लिए
छायादार पगडण्डियाँ भी हैं,
        और हम
        एक छोटी-सी सैर पर निकले
                पदयात्री

जंगली गुलाब

वेर्नर हेर्ट्ज़ोग की फ़िल्म 'व्हेर द ग्रीन ऐंट्स ड्रीम' को याद करते हुए

नहीं चाहिए मुझे
क़ीमती फूलदानों का जीवन

मुझे अपनी तरह
खिलने और मुरझाने दो
मुझे मेरे जंगल और वीराने दो

मत अलग करो मुझे
मेरे दरख़्त से
वह मेरा घर है
उसे मुझे अपनी तरह सजाने दो
उसके नीचे
पंखुड़ियों की शैय्या बिछाने दो

नहीं चाहिए मुझे किसी की दया
न किसी की निर्दयता
काट-छाँट कर मुझे
सभ्य मत बनाओ

मुझे समझने की कोशिश मत करो
केवल सुरभि और रंगों से बना
मैं एक नाज़ुक ख़्वाब हूँ
काँटों में पला
जंगली गुलाब हूँ

क्या काम करती हैं चिड़ियाँ

सुबह-सुबह कहाँ जाने की जल्दी में हैं चिड़ियाँ?
क्या काम करती हैं चिड़ियाँ
कहाँ हैं इनके खेत-खलिहान
कहाँ हैं इनके दफ़्तर
कहाँ हैं ये मज़दूर
कौन हैं इनके बड़े-बाबू और अफ़सर?
कहाँ से लौटती हैं थकी-मांदी
हर शाम को चिड़ियाँ?

घोसलों में इन्तज़ार करते बच्चे
कब लौटेगी माँ
घोसलों में मचलते बच्चे
कितनी देर से लौटी हो माँ—
क्या लायी हो माँ?

एक दिन
नहीं लौटती है माँ,
देकर बच्चों को अपने पंख
उड़ जाती है चिड़िया...

माँ की ही तरह माँ बन जाते हैं बच्चे
सुबह निकलते शाम को घर लौटते हैं बच्चे।

अब वे जान गए हैं
सुबह-सुबह कहाँ चली जाती थी माँ

क्या काम करती हैं चिड़ियाँ—
कैसे पालती हैं अपने बच्चों को
कैसे चलाती हैं गृहस्थी
कैसे बीत जाते हैं दिन
दाना बटोरते...

कुछ छोटी कविताएँ

1

आँखों पर चढ़ा कर नया चश्मा
अब मैं बेहतर देख पा रहा हूँ
कानों में लगा कर नयी मशीन
बेहतर सुन पा रहा हूँ...

बस, अब मैं एक बेहतर दुनिया
देखना और सुनना चाहता हूँ

2

वे भी एक ताक़त हैं समाज की
जिनके पास सेनाएँ नहीं
            केवल कुछ सपने हैं
            और एक साहस
नागफनी के जंगल में उगते फूलों की तरह
जोखिम उठाने का

3

रात जैसे किसी जंगल की रात
दो दहकती हुई आँखें—चिराग़
पास से कोई गुज़रता है लबादा ओढ़े—कुहासा
            सुबह एक शोर है—
            अँधेरे में लगी आग

4

तारे ने कहा—
          मैं दीपक बराबर
          एक छोटा-सा इन्तज़ाम हूँ
सुबह मुझ-सा ही एक तारा
          सूर्य की तरह चमकेगा

5

वह सिपाही नहीं पर्वतारोही था
          जो अकेला छूट गया था

उसके घायल हाथों से फिसल कर
          छूटती चट्टान
                    यह लड़ाई का आख़िरी मैदान
                    छोड़ कर भागना नहीं था,
                              अन्त तक लड़ते हुए
                              मारा जाना था

6

समय की बर्बादी है
उस गुत्थी को सुलझाने की कोशिश
जो बेहद उलझ गई हो...

इससे अच्छा है एक नयी गाँठ डालें
और शुरू करें बुनना
कोई नया सपना

7

कुछ लोग आये थे
अपनी मातृभाषा को विदा करने :
विदा कह कर वे विदा हो गए—
मातृभाषा उनकी घर-गृहस्थी को
सम्भाले रही

8

अपने को कण-कण में बिखेर कर
            ढूँढ रहा हूँ
            अपने लिए एक कोना

तुम वहाँ उधर
उस कोने में
कहीं हो न...

9

(बेगम अख़्तर के मल्हार को याद करते हुए)

सुबह से
घिरे हैं
घने काले बादल

बरस रही
रिमझिम उदासी
क्यों मल्हार गाये है

10

कभी कभी इतना बेघर होता है मन
कि कपड़े बदलते वक़्त भी लगता
जैसे घर बदल रहा हूँ...

11

दुनिया में डूब कर नहीं
उसे तैर कर—या उड़ कर—पार करें :
यदि पंख नहीं हैं
तो उसके विकल्पों का आविष्कार करें :

या फिर जिसमें पूरी तरह डूब सकें
ऐसा कोई प्यार करें :
सिर्फ़ जहाज़ों पर नहीं, कविता पर भी विचार करें।

12

भाषा के स्वभाव में है
ग़लतियों की गुंजाइशें
जैसे प्रकृति के विकास-क्रम में
टूट-फूट और निर्माण
हर ग़लती के लिए है
संशोधन का प्रावधान
पुनश्च—
या शुद्धिपत्र में स्थान...

13

कोई मेरे साथ नहीं था
फिर भी लग रहा था
सब साथ हैं

सब वहीं जा रहे थे जहाँ मैं
सब वहीं के थे जहाँ का मैं

फिर भी ऐसा क्यों लग रहा था
कि सब अकेले हैं
अपनी अपनी तरह अपनी अपनी जगह

14

तुम जो लिख रहे हो
क्या उसे जी कर दिखा सकते हो—ज़िंदगी ने पूछा

मैं जो जी रहा हूँ
उसे ही लिख रहा हूँ—मैंने कहा

ज़िंदगी को यक़ीन न हुआ
वह सब इतना बेमानी हो सकता है
जो इतना ठोस लगता
इतना आसमानी हो सकता है

मेरे इतने पास

समय बहुत कम है फिर भी
कुछ दिनों जी कर तुम्हारे साथ
जीवन-प्रसंग में जोड़ना चाहता हूँ
एक उप-संसार,
जैसे अचानक याद आ जाए
एक अनुभव पुनश्च :

गर्मी के दिनों में
पहाड़ों की सैर
रिमझिम वर्षा में
किसी भूली-बिसरी झील के किनारे
किसी अज्ञात डाक-बंगले में
बिताना चाहता हूँ
एक समाप्तक युग की बाक़ी छुट्टियाँ।
कस्तूरी-सी उठती देह-गन्ध से नहाना चाहता हूँ,
जीना चाहता हूँ पूरी आसक्ति से
इतना मादक कुछ
जो जीवन में पहले-पहले प्यार से भी
कहीं अधिक रोमांचक हो...

अरे, यह ज़रा-सी धूप
कमरे से बाहर जाते जाते
अचानक क्यों
मेरे इतने पास सरक आई है?

निसर्ग

मुझे पसन्द है उसकी देह का सरल भूरापन
उसके शरीर की माटी-पानी-गन्ध
धीमे बहती हवा की तरह उसका पास से गुज़रना
धूप की तरह खिलखिलाना

रात वह केवल एक आभास है
किसी गहरी घाटी में बहते प्रवाह का—
कभी चाँदनी की तरह कोमल
कभी आँधी की तरह बेसब्र

जूड़ा खोल कर सोयी थी रात जो बाँहों में
उसके अभिप्रायों को जता कर
हँस देता है पवन

मैंने एक बार उसकी आँखों से
उसके अन्दर झाँक कर देखा है
उसकी वासनाओं के गुप्त अतल में...
एक नदी बहती
आदिम जंगलों से लगभग ढकी हुई घाटी में
एक स्वप्न तैर आता कुहरे-सा
उस नदी के ऊपर ऊपर

तल्लीन उँगलियाँ
मछलियों की तरह खेलतीं
अँधेरी गहराइयों से छूटते जल में

और एक विश्राम
उठ आता कभी कभी
शान्ति की हद तक...

रागानुराग

ऐसे ही किसी समय की
शान्त वनस्थली थी वह

अनायास
किसी कविता के मर्मस्पर्शी शब्दों को
उद्धृत कर उसने कुछ कहा—
और अपनी रागानुराग की बाँहों में
भींच (कर भर) लिया था मुझे
एक पुरानी बंदिश की तरह

एक सम्पूर्ण जीवन-राग की तैयारी का
वह शुरुआती दौर था
आज भी निबद्ध हैं
हमारे प्यार के कुछ अटपटे बोल

उसे ठहर जाना था
किसी निर्धारित सम पर

और मैं भटक रहा हूँ
शब्दों के अरण्य में
असम्भव की खोज में

बराबरी की भाषा में

वह तैयार है
कभी भी लौटा देने को मुझे
मेरे हिस्से का अभिमान

मैं ही अब संशय में हूँ
क्या महत्त्व हो सकता है
इस मेरे-पन का बिना उसके
जिसने मुझे जीत लिया था कभी
बिना लड़े
बिना मुझे अपमानित किये

प्यार की भाषा में
कहा था—
कि हमारी विविधताएँ
हमारी दुश्मन नहीं
हमारी विशिष्टताओं का ख़ज़ाना हैं
और हमारी ओर से घोषित कर दिया था
कि पूरी पृथ्वी हमारी है

किसी भी लड़ाई का कारण
इस विवेक से बड़ा नहीं हो सकता
कि पृथ्वी पर सबसे पहले
मनुष्य-कोटि की बुद्धिमत्ता
हम में ही है

आख़िर तुम

तुम्हारा यह परेशान सवाल
            'आख़िर तुम मुझसे चाहते क्या हो'

कैसे बताऊँ उस चाहने का अता-पता
जिसके बाहर मेरा जीवन
कहीं है ही नहीं
            जिसका सौन्दर्य
            वृक्षों से छनती धूप की तरह
            झिलमिल है

एक दैनन्दिन यथार्थ में
जकड़ी तुम्हारी देह
धीरे धीरे छीजता तुम्हारा रूप

कैसे बताऊँ कि हो सकता है
एक ऐसा भी चाहना
जिसे शब्द नहीं दिये जा सकते

शायद एक ऐसी अंतरंगता
जो अंगों की भाषा से व्यंजित हो
और उनसे मुक्त भी

छूना चाहता हूँ तुम्हें
            जैसे आग को छूती है आग
            पानी को छूता है पानी

और छूते ही उनके बीच से
मिट जाता है स्थूल का अन्तर

कैसे समझाऊँ कि पाना चाहता हूँ तुम्हें
जैसे पाया जाता है कभी कभी
एक क्षणिक अनुभूति को
ठहरा कर
किसी विरल
जीवन-स्वप्न में

आहट का उजाला

बिलकुल अँधेरा था
कि अचानक
उसके आने की आहट का उजाला
सुनाई दिया

जैसे सन्नाटे में
दूर से आती
किसी संगीत की ध्वनि

अँधेरे में
किसी ने
माचिस की एक तीली जलाई...

तेलीमेना

पोलिश कवि मीच्क्येविच के 'पान तादेउष' पर

इस में हर्ज ही क्या था
अगर प्रौढ़ा नायिका ने दोनों को चाहा एक साथ?

युवक को उसकी जवानी के लिए
और वयस्क को उसकी अक़्लमंदी के लिए

अगर दोनों को एक ही में पाना मुश्किल था
तो दोनों को अलग अलग चाहना
आख़िर ग़लत क्यों था?

तुम भले ही हँसो मीच्क्येविच...

लेकिन सच तो यह है
कि दया की पात्र नहीं—
यौवन और बुद्धि के संयोग की
अद्‌भुत उदाहरण थी तेलीमेना

अपनी जीवनी में

सुबह से ढूँढ़ रहा हूँ
अपनी व्यस्त दिनचर्या में
सुकून का वह कोना
जहाँ बैठ कर तुम्हारे साथ
महसूस कर सकूँ सिर्फ़ अपना होना
और बाक़ी अनाप-शनाप का न-होना

याद आती बहुत पहले की
एक बरसात
सिर से पाँव तक भीगी हुई
मेरी बाँहों में कसमसाती एक मुलाक़ात...

थक कर सो गया हूँ
एक लम्बे दिन के बाद
        यादों में खोजे नहीं मिलती
        वैसी कोई दूसरी रात।

बदल गए हैं मौसम
बदल गए हैं मल्हार के प्रकार
        न उनमें अमराइयों की महक
        न बौरायी कोयल की चहक।

एक अजनबी की तरह भटकता मन
अपनी ही जीवनी में
        खोजता एक अनुपस्थिति को
        कविता की मधुबनी में।

अब

बाहर किसी ने खटखटाया

मैंने उठकर दरवाज़ा खोला—

अरे, तुम!
सदियों बाद...
विश्वास नहीं होता

छुओ मुझे
कि लगे सचमुच
तुम्हीं हो

अन्दर आओ, मिलो
मेरे घर से, मेरी कविता से
मेरी अधूरी दुनिया से...

भर जाओ मुझमें अब
मुझसे भी ऊपर तक

जल्दी करो
केवल अब ही तो बचा है अब
मेरे पास

अभी पूरा नहीं हुआ जीवन से मेरा रोमांस

मैंने एक सादे काग़ज़ पर
बनायी एक पतंग
और उसकी डोर एक बच्चे को थमा दी।

मेरी देखा-देखी उसने भी वही किया
और दूसरे बच्चों ने भी वही।

धीरे धीरे पतंगों और डोरों से
भर गयी काग़ज़ के आकाश की सादगी।

बीच बीच में छूट गयीं कुछ ख़ाली जगहें
जैसे छूट जाया करती हैं घरों के अग़ल-बग़ल पड़ोस
जिनमें उग आते जंगली फूल या खर-पतवार।

कभी कभी जीना चाहता हूँ अनायास
इन छूटी जगहों में अपवादों और विरोधाभासों की तरह
तोड़ कर व्याकरण की पाबंदियों को
भाषा के निकेत से बाहर निकल कर
विचारों की अभौतिकता में अनुभव करना चाहता हूँ
शब्दों के गर्भ में आने से पहले की
उन्मादी उस प्रमादी पुलक को
जिसमें एक आदिम कवित्त का अतिरेक हो।

झील की सोई सतह पर
अचानक वर्षा की बूँदों की चुलबुलाहटें।

मेरा पंछी-मन

ये सींकचें नहीं
मेरे घर की पहचान हैं

कभी आना मुझसे मिलने—
पिंजरे के बाहर से
आवाज़ देना

हम बातें कर सकते हैं घड़ी दो घड़ी
देख सकते हैं एक दूसरे को प्यार से
चोरी-छिपे छू भी सकते हैं
एक दूसरे की उँगलियाँ

आना—हो सका तो सुनाऊँगी तुम्हें
दो एक गीत जो याद रह गये हैं
जिन्हें कभी गाया करती थी
एक आज़ाद पंछी की तरह

किसी ने नहीं पकड़ा मुझे
जाल बिछा था
मैं ही उसमें फँस आयी

रोज़ एक ताले के खुलने की आवाज़ से जागती हूँ
और इस तरह शुरू होता है
मेरा दूसरा दिन

ताबूत की सुन्दरी

सैकड़ों साल पुराने
एक ताबूत को किताब की तरह खोला

आँखें मलती हुई उठ बैठी एक सुन्दरी

वही प्राचीन चेहरा
जाना पहचाना

देख कर मैं चौंक पड़ा! मैंने पूछा—
'तुम, और इस ताबूत में?'

उसने कहा—'यह ताबूत नहीं
टी. वी. है। और मेरी कहानी
गतांक से आगे का वृत्तान्त...

ऐसा कह कर उसने एक जम्हाई ली
और फिर ताबूत में लेट गई।

उसके लेटते ही
ताबूत एक करवट ले कर खड़ा हो गया
किसी मकान के सदर दरवाज़े की तरह :

दरवाज़ा खोल कर वही पुरानी कहानी
बनी-ठनी बाहर निकली कुछ इस अन्दाज़ से
मानो वह बिल्कुल नयी हो,
और उसकी अपेक्षा अपने को दुहराती दुनिया पुरानी

वे क्यों हारे

दोनों सेनाओं के बीच
रथ को खड़ा कर के
कृष्ण ने दूर तक देखा—

वे गुरुजन जिनके पाँव छूकर
कौरवों को लड़ना चाहिए था धर्मयुद्ध
सेना की पहली पंक्ति में खड़े थे
अस्त्र-शस्त्र और कवच-कुण्डल से लैस,
जिनकी ख्याति पर
निर्भर था कौरव-सेना का मनोबल
उन्हें ही झोंक कर युद्धाग्नि में सबसे पहले
धूल में मिलाई जा रही थी उनकी छवि।

''उठो अर्जुन,'' कृष्ण ने कहा,
''तुम्हारी जीत निश्चित है...
वे सब तो पहले ही मारे जा चुके हैं कौरवों द्वारा,
अब एक शिखण्डी से हराया जा सकता है भीष्म को
एक अर्ध-सत्य से मारा जा सकता है द्रोण को :
वे दोनों ही जानते हैं अधर्म को
जिताने से बेहतर है मृत्यु...''

○ ○ ○

सरोवर की दलदली ज़मीन पर
दम तोड़ता टूटी जाँघों वाला दुर्योधन

तड़प कर चीख़ता है—अधर्म...
मुझे अधर्म से मारा गया...

''धर्म की जाँघें तो तुमने
उसी दिन तोड़ दी थीं दुर्योधन
जिस दिन भरी सभा में तुमने
एक स्त्री को अपमानित किया

उसके बाद तो केवल अधर्म की लड़ाई बची थी :
धर्म की दुहाई मत दो
तुमने अपने दुष्कर्म से उसी की हत्या कर दी
जो आज तुम्हारी रक्षा कर सकता था...''

दीवार पर धूप

सामने की दीवार पर लिखा है—
यहाँ कुछ न लिखें,
यह लिखने-पढ़ने की जगह नहीं।

दीवार से पीठ लगाकर बैठी है धूप,
धूप उठकर चली गयी है
पीठ पीछे छोड़कर एक दीवार

जिस पर लिखा है यहाँ कुछ न लिखें,
यह लिखने-पढ़ने की जगह नहीं
यह धूप में घड़ी दो घड़ी
पीठ टिकाकर बैठने की जगह है।

शब्दों के आरपार

हमारे प्रिय शब्द
प्रियजनों की तरह
कहीं पीछे छूट जाते हैं
यादों में जगह जगह

सुनने की जगह में दृष्टि
देखने की जगह में कान
बोलने की जगह में सिर
सोचने की जगह में ज़बान

शब्दों के अकूत ख़ज़ाने
से लदाफंदा घोड़ा
बोझ से बेहाल
कहने को थोड़ा

जाना था सीमा पार
सीमा पर खड़े
चारों ओर पूर्वजों
के स्मारक गड़े

कितने कम शब्दों में
कितना कुछ कहते
वह भी
कुछ डरते डरते...

दूसरा यथार्थ

एक प्रतिमा की आँखों में
एकटक उदासी
दूर तक देखते देखते
पथरा गयी हैं वे
जीवन की प्यासी।

फ़र्क़ तरह की कविता की
माँग और चलन है आजकल,
बिलकुल अलग अलग दिखायी दें
पत्थर और उदासी—
उनका व्यापार उनकी राजनीति
उनका विज्ञापन उनका वस्तुत्व।

उस दूसरे यथार्थ को खोजती है कविता
जो चीज़ों से ढका है
वह उन चीज़ों का चित्रण नहीं
जिनसे आदमी ढका है।

उस दर्द को

हर वक़्त ऐसा क्यों लगता है
कि मेरे चारों तरफ़
आँखें ही आँखें हैं
        जो सिर्फ़ मुझे देख पा रही हैं
        उस आश्चर्य को नहीं
        जिसे मैं देख रहा हूँ

न सब के उस दर्द को ही
जिसे मैं जी रहा हूँ हर समय
न ही उस सृष्टि के विराट जल्वे को
जो असह्य अकेलेपन से निर्मित है

बेचैनी*

चारों ओर आवाज़ें उठ रही थीं
दौड़ो... दौड़ो... दौड़ो...

एक बेतहाशा दौड़ती चली जा रही आवाज़ को
रोक कर मैंने पूछा—आख़िर क्यों?

क्योंकि सब दौड़ रहे हैं—उसने हाँफते हुए कहा।

मैंने सोचा अगर सबका एक साथ दौड़ना
एक तर्क हो सकता है
तो सबके थोड़ा ठहर जाने का भी
एक तर्क हो सकता है

लिहाज़ा मैंने आवाज़ उठाई
ठहरो... ठहरो... ठहरो...

किसी ने मुझसे पूछा—आख़िर क्यों?
मैंने कहा—अगर सब लोग
एक बार ज़रा ठहर कर सोचें
तो बात अपने आप समझ में आ जाएगी

लेकिन लोग न तो ठहरने को तैयार थे
न सोचने को

---

* *यह कविता 'दौड़' शीर्षक से प्रकाशित हो चुकी है*

लिस्टों से बाहर

जाऩता हूँ मेरी जगह
लिस्टों से कहीं बाहर है—

कुछ लोग किसी भी लिस्ट में
कभी भी फ़िट नहीं बैठते
        उन्हें किसी भी लिस्ट में रखते ही
        लिस्ट का संतुलन बिगड़ जाता है।

आख़िर तो सीमा होती है
हर लिस्ट की भी जैसे हर लिस्टकार की
        उसकी अपनी नाप-जोख
        कतर-ब्योंत
        बखिया तुरपाई उधेड़ बुन

एक दर्ज़ी के हाथों में कैंची क़लम
और 'चार गिरह कपड़े की क़िस्मत यारों...'

कई बार भ्रम तो हुआ
कि मुझे पकड़ने को
कहीं कोई लिस्ट
मेरा पीछा कर रही
        पर नहीं।
        हर लिस्ट अपने मुक़ाम पर ठहरी रही
        या मेरे अग़ल-बग़ल से निकल गई

आगे का रास्ता
हमेशा खुला रहा...

लाइन में

लम्बी लाइन थी।
उत्सुकता हुई कि देखूँ
कौन कौन हैं लाइन में...

किताबों की दुकान नहीं थी
किताबें छापने की दुकान थी।

ताज्जुब हुआ देख कर ग़ालिब और मीर को
और उसी लाइन में धीर और अधीर को।

वक़्त बदला
दुकान बदली—'मेसर्स धीर ऐन्ड अधीर'—
मगर लाइन वही थी,
वहीं के वहीं खड़े थे ग़ालिब और मीर।

उड़े तो फिर ऐसा उड़े

मौक़ा नहीं मिला कि बचते
वरना हो सकता है बच निकलते

न भरते इतनी ऊँची उड़ान
ऐसे ख़राब मौसम में

दुबके बैठे रहते कबूतर की तरह
पंख समेटे किसी पुरानी छत के नीचे...

पर करते भी क्या
ऐसी आँधी पानी बिजली
ऐसी हवा चली
उनके आगे एक न चली

सब कहते ही रहे—बचो, बचो...
पर ऐसा भी क्या जीना बचे बचे,

उड़े तो फिर ऐसा उड़े
कि उड़ गए ज़िन्दगी के परखचे...

समास

सभी अनुभव जिन्हें जिया
स्थानीय नहीं

हमारे धर्म-कर्म, रहन-सहन, रंग-रूप, बोल
इतिहास और भूगोल

सब कुछ आपस में
घुला-मिला
एक दूसरे में रचा-बसा—
अनुभवों की जान है बहुलता

जैसे एक निडर प्यार
दुनिया की किसी भी हद को न माने
लोगों के बीच
न माने फ़र्क़
और तब बनाए अपनी एक पहचान।

अमर-पक्षी

सन्दर्भ : फ़ुकुशिमा, जापान

तूफ़ानी समुद्रों
और आग उगलते पर्वतों के बीच
देख रहा हूँ सदियों से
विपरीत भूगोल से जूझते
छोटे-से भूखण्ड पर बसे
एक बहुत बड़े देश को।

पढ़ रहा हूँ उसका इतिहास
प्राकृतिक आपदाओं
और विध्वंसक युद्धों से भरा हुआ।

विचारों में जी उठती है
एक शान्त बुद्ध प्रतिमा
अदम्य जीवन-शक्ति का प्रतीक—
  एक अग्नि-पक्षी की तरह
  बार बार अपनी ही राख से
  जी उठता है जापान
फिर भरता गगनचुम्बी उड़ान।

'मैं' का पूरा मतलब

बेमतलब होता वह होना
जिसमें केवल मैं होता

तुम मिली तो मिला
मैं का वह दूसरा मतलब
जिसमें हम थे

अधूरा होता वह भी
जिसमें केवल हम होते
बाक़ी संसार न होता

मैं से बाहर निकल कर
और सब से होते हुए
फिर मैं तक लौटना
मैं का मतलब पाना था

मानव-शृंखला

एक बहुत बड़ी दुनिया को
तमाम छोटे-बड़े टुकड़ों में तोड़ कर
हमने आपस में बाँट लिया है

अपने हिस्से के
छोटे छोटे टुकड़ों को
किसी तरह बचाने में
हमने पूरी दुनिया को
ख़तरे में डाल दिया है

जो टूट चुका है उसे फिर से
जोड़ पाने में अब हम
असमर्थ साबित हो रहे हैं

जो छोटी छोटी कड़ियों में बँट गया है
वह बिखर न जाए...

ज़रूरी है उसे मानव-शृंखला में
जोड़ कर रखना

सूर्योदय की प्रतीक्षा में

वे सूर्योदय की प्रतीक्षा में
पश्चिम की ओर
मुँह करके खड़े थे

दूसरे दिन जब सूर्योदय हुआ
तब भी वे पश्चिम की ओर
मुँह करके खड़े थे

जबकि सही दिशा–संकेत के लिए
ज़रूरी था देखना
अपने चारों तरफ़

सूरज न तो निकलता है
न डूबता है
दुनिया ही घूमती है अपने और उसके चारों तरफ़

'हमारे साम्राज्य में सूर्यास्त नहीं होता'
कभी एक साम्राज्य ने
कहा था गर्व से

साम्राज्य डूब गया
सूर्योदय होता रहा
पूर्ववत्...

अर्थ-शास्त्र

कैसा है लाभ और हानि का यह शास्त्र
जिसकी एक ओर
लाभ के आसमान छूते आँकड़े
और दूसरी ओर
ज़मीन पर लोटते झोंपड़े

क्या है इस अर्थशास्त्र का यथार्थ
वह जो स्वयं ही
सिद्ध करता अपने को
अन्त से आदि तक
अयथार्थ

दौलत की बदौलत

एक दिन दर्पण देखते हुए
एक राजा को लगा कि वह
बेहद बद सूरत है

बदसूरती को लोग नापसन्द करते हैं
यह सोच कर वह उदास हो गया

तभी उसके अन्दर से
आवाज़ आई—
    'ऐ राजा, उदास न हो,
    ऐसा कुछ कर कि तेरी प्रजा
    तुझे पसन्द करने लगे
    लोग धन-दौलत पसन्द करते हैं,
    उठ और उठा तलवार
    दूसरों को लूट कर
    अपने को मालामाल कर ले'

राजा ने ऐसा ही किया
और उसका चेहरा चमक उठा

तमाम बद सूरतें उसी तरह
आज भी
दिखाई देती हैं चमकती
    दौलत की बदौलत

बदलना चाहिए

ज़माना बदल गया है
अब नारों को बदलना चाहिए
        कहीं पीछे रह गया है इनक़लाब
        कहीं आगे बढ़ गया है ज़िन्दाबाद
बहुत तेज़ी से बदल रहा है सब कुछ
अब बदलने की रफ़्तारों को बदलना चाहिए
        ताकि सुनायी दे सके जनता की आवाज़
        अब सियासत के नक्कारों को बदलना चाहिए

ऊँची होती जा रहीं हमारे बीच की दीवारें
बाज़ारों में बदल गयी है दुनिया
जिनमें बिक जाते हैं देश के देश
        कबाड़खानों में बदलते जा रहे हैं
        पृथ्वी के हरे-भरे प्रदेश
जिनमें पुरज़ा-पुरज़ा हो जाए आदमी
ऐसे रोज़गारों को बदलना चाहिए
        विज्ञापनों से ढक गई है ज़िन्दगी
        अब ख़रीददारों को बदलना चाहिए

सुनते हैं तरक़्क़ियों के आसमान
छू रहा है हमारा हिन्दोस्तान
        कहीं हवा में उड़ रही हैं मशीनें
        तो कहीं पाँवों तले खिसक रहीं ज़मीनें
अब फटेहाली में जी रहे लोगों के
हालात भी बदलने चाहिए

सारे समय बात

सारे समय
बात... बात... बात...

अरे, यह कैसी अभद्रता
घर आए मेहमान के साथ।

इतना तक न हुआ
कि आगे बढ़ कर बाँहों में भर लेते
इतनी दूर से पास आई
प्यार से महकते फूलों की सौग़ात।

कैसे बताऊँ
कि आता है जीवन में
ऐसा भी एक छिना हुआ वक़्त
जब डर लगता है
किसी ख़ुशी से भी
मिलाते हुए हाथ।

फागुन

1

एक बार और फाग
एक बार फिर वसंत
        फागुन है

फूलों में—
भौरों में—
        चुप चुप है
        सुन सुन है
                सोई इच्छाओं में
                हल्की-सी कुन मुन है।

एक बार फिर वसंत
        एक बार फिर आँचल
        डालों का चंचल है
                तितली के पंखों-सी
                उड़ती बोसा बोसी
                        चुलबुल है
                        खिलखिल है
                सोई इच्छाओं में
                        यह कैसी हलचल है?

एक बार फिर वसंत
        एक बार फिर उमंग—

नाहक–सा प्यार करें।
बहती हवाओं से
बेसुध फ़ज़ाओं से
जितने सवाल करें
सब के सब अधकचरे
फीकी इच्छाओं में
कुछ गहरे रंग भरें।

एक बार फिर वसंत
एक बार फिर बहार
गाने का मन चाहा

फागुनिया
निरगुनिया
लटपट एहसासों ने

यह कैसा मन चाहा—
उसी रंग होली हो
उसी रंग स्वाहा!

एक बार फिर वसंत
एक बार और फाग
इन गुमसुम वृक्षों में
जीवन है

क्यों चलते चलते मन
इतना अनुरागी बन

फिर चाहे अंग अंग
भीग उठे उसी रंग

एक बार फिर वसंत
एक बार फिर होली
खेले थे अंतरंग—
स्मृति में ये कैसे
करवटें बदलते क्षण
फिर जीना चाह रहे
ये कैसे आकर्षण?

सूनी रेखाओं में फिर कोई रंग भरे
इस फागुन
इस वसंत
कुछ ऐसा मन चाहा...

2

बीते दिन जीने के
जीने की जल्दी में
छूट रहा काम काज।
नदी नदी मन भागे
छूट रहा आसपास।

इस जंगल लगी आग
उस जंगल लगी आग
आग आग चिल्लाते

भाग रहे बदहवास
झाड़ फूस तन होरी
धधके वन में पलास।

इस फागुन
धूल के बवंडर और
सिर धुनती अमराई
निर्मम झकझोर
साज बाज रंग राग सभी
धूल में मिलाई।

आये ऋतुराज जब
खिलने खिलाने के आयोजन तार तार :
फूलों के पहन हार
बीते त्योहार जब
बीते दिन जीने के।

स्वागत, किन्तु भस्म देह—
ये बाँहें, फिर घाटी,
इन अनंग गीतों से महक उठे फिर माटी।
जीतें दिन जीने के, जितने दिन जीने के।

कुछ अश्आर

1

ख़्वाहिशे-मंज़िल न थी मेरे भटकने की वजह
उससे कुछ आगे निकल जाने पॅ आमादा हूँ मैं

जिसको सदियों सुन सकें सब धड़कनों में वक़्त की
ज़िन्दगी से एक ऐसे प्यार का वादा हूँ मैं

चाह कर दुनिया को मैंने ख़ुद को शर्मिन्दा किया
जितना दे सकती है वो उससे कहीं ज़्यादा हूँ मैं

प्यार की शतरंज है ये, दिल लगा कर खेलिए
एक घर बढ़िये तो आगे, आपका प्यादा हूँ मैं

लाखों दुनियाएँ फ़ुरोज़ां हैं मेरे एहसास में
वुस्अतों में आसमानों की तरह सादा हूँ मैं

2

मर जाएँ शर्म से कि किसी काम के नहीं
इस ज़िन्दगी के फूस में शोला अगर न हो

जिसको तमाम उम्र हक़ीक़त समझ जिए
इक पर्द-ए-जल्वा कहीं मद्दे-नज़र न हो

राज़े-ग़मे-हयात अयां कर तो दूँ मगर
डरता हूँ सितमगर भी कहीं चश्मेतर न हो

दर-आइना इधर जो मुझे देख रहा है
मेरे बरअक्स कोई मुझी सा उधर न हो

3

मेरी उस शोख़ से बस इतनी शनासाई है
जब भी देखा है उसे ज़िन्दगी याद आई है

देखता जब भी उसे बात बात पर हँसते
मुझको भी जाने क्यों बेबात हँसी आई है

उसकी बेफ़िक्र निगाहें व लहराता आँचल
पास आती तो ये लगता बहार आई है

ऊँघती झील-सी आँखों के छिपे कोनों में
अक्सर लगता कि मेरे प्यार की गहराई है

अबकी पानी नहीं शायद शराब बरसेगी
यूँ तो पच्छिम से उठी है मगर पुरवाई है

4

कोई उम्मीद दूर तक नज़र नहीं आती
फिर भी जीना किसी से प्यार हो जैसे

दिन गये कौन अब आएगा इस बयाबां में
फिर भी आँखें किसी का इंतज़ार हों जैसे

कैसे समझाऊँ ये पतझर है दिले-नादां को
ज़िद है इसको भी जिएँगे बहार हो जैसे

5

साँप बसते नहीं हैं आज कल ज़मीनों में
अब वो रहने लगे हैं मज़हबी यक़ीनों में

कभी जो बंद थे मदारियों की झोली में
अब वो बेख़ौफ़ खड़े हैं तमाशबीनों में

ज़हर उगलते शहर चिमनियों के फन काढ़े
बदल गया है आदमी भी अब मशीनों में

ये कैसे दौर में ज़िन्दा हैं हम ख़ुदा जाने
ये कैसी नफ़रतें भर करके अपने सीनों में

गौरैया

पिता के अन्तिम दिनों में
उनसे बहुत हिल-मिल गई थी एक गौरैया,
कभी कभी पास आकर बैठ जाती
और देर तक निहारती रहती उन्हें...

पिता कहते थे उसकी भोली आँखों से झाँकती है
एक माँ की वत्सल आत्मा।

गाती है चिड़िया
दूर कहीं वृक्षों के झुरमुट में
सुनाती है शायद अपने बच्चों को
अपनी भाषा में अपना कोई अटपटा गीत
जो गूँजता है दुनिया भर की भाषाओं में
अलग अलग तरह

चाहता हूँ वह उड़कर मेरे पास आए
मुझसे सटकर बैठ जाए
और सुनाए मुझे पहले
अपने कुछ गीत,
फिर गाए मेरे उन गीतों को
जिन्हें शायद अब मैं कभी न लिख पाऊँगा।

पोंछे अपने कोमल पंखों से मेरे आँसुओं को,
उठा उठा कर मेरा खाना थाली से
मुझे दाना दाना चुगाए

मेरे परेशान माथे को
सहलाकर मुझे सुलाए
और सपनों में भी मुझसे कभी दूर न हो

और उस दिन जब वह उड़े तो
मेरे प्राणों को भी अपने साथ लेकर
दूर कहीं उड़ जाए...

बहन को याद करते हुए

शायद वही है जो मेरे जीवन में
वापस आना चाहती है बार बार
    लेकिन जिसे हर बार
    बरबस बाहर कर दिया जाता है
    मेरे जीवन से

मैं जानता हूँ
वह है कहीं
    मेरे बिल्कुल पास, गुमसुम,
    मुझे घेर कर बैठी
    एक असह्य उदासी

वह नहीं मानती
    कि हमारे बीच अब
    बरसों का फ़ासला है,
    और सारे बन्धन
        कब के टूट चुके हैं

यादें

सोचता हूँ जीवन को
कभी कभी

मिट्टी–पानी–आग–हवा होकर
निकल जाता हूँ शून्य से भी
बहुत आगे तक
          जलता–बुझता–डूबता–उड़ता
          छूकर बादलों को लौट आता हूँ

और चमकता हूँ कुछ देर और
पृथ्वी पर जीवन होकर...

○ ○ ○

छोड़ दो मुझे मेरे हाल पर,
तुम्हारी चिन्ताएँ
मुझे और भी बेहाल करती हैं

तुम्हारी फ़िक्रें
ख़लल डालती हैं मेरी बेफ़िक्री में

हमें घेरे झंझटों में
कुछ है जो तैरता रहता ऊपर ऊपर
कुछ अपने आप बैठ जाता है तलछट में...

○ ○ ○

शाम की सैरों का शौक़ीन हूँ
रोज़ दिन ढले निकल जाता हूँ
इस दुनिया से बाहर
किसी स्वप्नलोक में

रात भर भटकता हूँ
नक्षत्रों की दुनिया में
सुबह होते होते लौट आता हूँ
अपने भूलोक में

मेरी कविताएँ
कभी इन भटकनों की
तो कभी घर लौटने की
छोटी छोटी यादें हैं...

जीवनोत्सव

अभी भी बचे हैं कुछ वर्ष

आने-जाने के उलटफेर में
कौन जाता है पहले, कौन बाद में—
कुछ पता नहीं।

तुम्हारा इत्मिनान
और मेरी आशंका
            दोनों ही निर्मूल हैं।

आओ, आयोजित करें तब तक
कौंधती बिजलियों की तीव्रता से
एक जीवनोत्सव और...

पुरस्कार*

वनवास और राज्याभिषेक
रोज़ की लीला है

जिस ख़ुशी को मुकुट पहने
सब देख रहे मेरे चेहरे पर
वह केवल बच्चों का मुखौटा है

मेरे अन्दर तो कहीं
दूर सरयू-तट पर
जल-समाधि लेते
सूर्य की उदासी है

---

* *ज्ञानपीठ पुरस्कार मिलने के एक दिन पहले लिखी गयी कविता*

जंगल की किताब

किताब बहुत पुरानी थी
और जंगल उससे भी ज़्यादा पुराना।

लगभग हर पंक्ति के नीचे पेंसिल के गहरे निशान थे,
मुझसे पहले जिसने भी पढ़ा था उसे
बहुत मेहनत से पढ़ा था।

कुछ देर बाद मुझे लगा मैं पढ़ नहीं रहा
पेंसिल के निशानों पर चल रहा हूँ
जो पगडण्डियों में बदल गए थे
उनके दोनों तरफ़ शब्दों के घने जंगल थे
हर शब्द एक अलग जाति के वृक्ष की तरह था
जिनसे मिलकर बनता था भाषा का महावन।

कई बार पगडण्डियों से ऊब कर सोचा—
उन्हें छोड़ कर जंगल में प्रवेश करूँ
जो इतना दुर्गम और रहस्यमय दीखता था,
पर सीधी रेखा को पकड़ कर चलने के पाँव
इतने अभ्यस्त हो चुके थे
कि दरख़्तों के बीच बिना पंख उड़ने की कल्पना भी
असंगत लगती थी।

अचानक मैंने असाधारण थकान महसूस की।
राहें और जंगल अभी भी
उतने ही निगूढ़ और अपार लग रहे थे।

मैं कहीं कुछ देर
बैठकर विश्राम करना चाहता था।

मैंने अपने आसपास घूमकर देखा—
आश्चर्य,
वहाँ केवल जंगल और राहें थीं...

बीच में न कहीं विराम न अर्ध-विराम

किताब के अन्त में
केवल एक पूर्ण-विराम।

रहे हुए घरों में

रहे हुए घरों में
रहे हुए लोगों का
रह ही जाता है कुछ–न–कुछ शेष
जो न मरता है
न जीता है

उनके रहे सहे का कभी कोई दुखान्त
या उनके किये धरे का कोई दृष्टान्त
चलते फिरते उठते बैठते
अचानक जब सामने पड़ जाता
तो संकोच से गड़ जाता हूँ
कि उनकी व्यक्तिगत दुनिया में
घुस आया हूँ भूल से
और अब क्षमा भी माँगूँ तो किससे ?

लम्बी उड़ान

एक सुबह
आईने में ग़ौर से देखा तो सन्न रह गया :
दो छोटे छोटे डैने
कन्धों पर उग रहे थे...

बहुत तेज़ी से बढ़ते हुए
उन्होंने ढक लिया था दोनों बाँहों को
हाथ के नाखूनों तक...

वे भारी थे। लाचार उनके बोझ को
लपेट लिया अपने बदन पर
भारी कम्बल की तरह।

कामकाज, हज़ामत वगैरह से छुट्टी लेते ही
सिर और चेहरे के बाल भी बढ़ कर
छा गए एक घने जंगल की तरह...

सिर्फ़ दो धँसी आँखें और एक लम्बी नाक
दिखती थी
जैसे किसी चील का दुबला-पतला चेहरा।

किसी ने ध्यान नहीं दिया
कि अब बिल्कुल बदल गई है
एक मनुष्य की काया,
और उसके पाँवों पर

हर समय चढ़े रहने वाले वे मोटे मोटे मोज़े भी
भेड़ की ऊन के मोज़े नहीं
उसी के दुखते रोयें हैं।

दिन दिन भर
वह बैठा रहता
घर के एक कोने में गुमसुम।

सब समझते बुढ़ापा है।
किसी को शक़ तक न हुआ
कि अब वह जल्दी ही
एक लम्बी उड़ान भरने वाला है।

अमरत्व से थका आकाश*

कभी कभी लगता बेहद
थक चुका है आकाश
अपनी बेहदी से

वह सीमित होना चाहता है
एक छोटी-सी गृहस्थी भर जगह में
शामिल होना चाहता है
एक पारिवारिक दिनचर्या में
प्रेमी होना चाहता है
पिता होना चाहता है
होना चाहता है किसी के आँगन की धूप

वह अविचल मौन से विचलित हो
ध्वनित और प्रतिध्वनित होना चाहता है शब्दों में
फूल फल पत्ते होना चाहते हैं उसके चाँद और तारे
आँसू होना चाहती हैं ओस की बूँदें...

अमरत्व से थक चुकी
आकाश की अटूट उबासी
अकस्मात् टूट कर
होना चाहती है
किसी मृत्यु के बाद की उदासी...

---

* *यह कविता 'बाद की उदासी' शीर्षक से प्रकाशित हो चुकी है*

जब वह नहीं रहता

एक बहुत बड़ी क्षमा की शक्ति
क्या पराजित हो चुकी है—
जिसकी अन्तिम सीमा
उसकी हत्या तक है।

क्या हत्या करने वाले नहीं जानते
कि एक शरीर में हो सकता है इतना भी रक्त
कि वह सदियों तक बहता रहे

इतनी सहनशीलता कि उसमें
डूब जायें रक्त की नदियाँ।

उसकी मुश्किल है कि वह
इस दुनिया में चैन से रह नहीं पाता,
मारा जाता है दर्दनाक तरीक़ों से
जब भी वह दुनिया को
विनाश से बचाना चाहता है।

कुछ का मत है कि वह
छिप कर रहता है अपनी ही रचनाओं में
जिनके माध्यम से उसे जाना तो जा सकता है
पर स्पर्श नहीं किया जा सकता।

कुछ का कहना है कि वह
यहाँ आता रहता है भेस बदल बदल कर—

दरअसल दुनिया भी उसका एक भेस ही है
लेकिन पहचान लिए जाने पर उसे यातनायें देकर
दुनिया से बाहर कर दिया जाता है।

जब वह नहीं रहता
सब उसकी भयानक अनुपस्थिति को महसूस करते हैं
पर उसकी उपस्थिति को
कुछ ही लोग जान पाते हैं।

ऐ हवा

ऐ हवा, ले चल मुझे
क़हीं भी। साँस हूँ मैं भी
तेरी ही तरह...
पूरब पश्चिम उत्तर दक्षिण
कहीं भी

आँधी की तरह एक रात उठ
तोड़ कर मुझे वृक्ष के वक्ष से
ले चल
सागर मरुथल पर्वत घाटी
कहीं भी। एक बार
जहाँ अनुभव कर सकूँ
कि मैं केवल एक देह में क़ैद नहीं
वह प्राण हूँ
जो धड़क रहा है पूरे संसार में

अन्तर्दृष्टि*

देखने और सुनने की शक्ति
कम हो जाने के बाद से
टटोलता रहता हूँ अँधेरे में
अन्तर्दृष्टि की विरल शक्ति को खोजते हुए

ध्यान लगाने के लिए आँखें बन्द नहीं करता
मेरी प्रार्थनाएँ ही देवाशीष बन जाती हैं
अज्ञात संकेत प्रेरित करते हैं
मेरे क़दमों को एक ज्ञात भवितव्य की ओर

होठ हिलते हैं
धन्यवाद कहने के लिए
पर शब्द नहीं निकलते
वे केवल काँप कर रह जाते हैं

---

* *यह कुँवर नारायण द्वारा आख़िरी लिखवायी गयी कविता है*

राग भटियाली

एक राग है भटियाली
बाउल संगीत से जुड़ा हुआ

अन्तिम स्वर को खुला छोड़ दिया जाता है
वायुमण्डल में लहराता हुआ
जैसे सम्पूर्ण जीवन राग से युक्त हुई एक ध्वनि
अनन्त में विलीन हो गई...

वह शेष स्वरों को बाँधता नहीं
इसलिए अन्त में भी
उनसे बँधता नहीं,
अन्तिम आह जैसा कुछ
एक अजीब तरह की मुक्ति का
एहसास देता है वह...

उतना ही असमाप्त

अगर मैं सचाई हूँ
तो कुछ भी खोया नहीं।

घूमते-फिरते जिन जगहों में वास किया
वहाँ यदि लौटूँ तो
अपने को कोई नयी पहचान दे सकता हूँ
पुनः आरम्भ हो सकता हूँ किसी भी संकल्प से
उतना ही सही, उतना ही प्रामाणिक,
उतना ही आदि जीवन
जो नष्ट नहीं होता,
नया होता चलता है क्रम।

एक शक्ति
जो न चाहती, न पछताती,
न जिसके लिए
केवल घटनाओं और संपर्कों की अपेक्षा
बीतते रहने की मजबूरी।

सोचता हूँ: जिस शून्य को
वह भी आकांक्षी है उसी भौतिक स्पर्श का
जिसने मुक्त किया था
अकेले स्रष्टा को उसके अकेलेपन से,
और ढाल दी थी पृथ्वी पर अकूत जीवन-राशि।

एक स्वतंत्र वर्तमान और अनिश्चित भविष्य
जो मैं हूँ
और वह सब जो अभी हो सकता हूँ
यदि अपने को टूटने न दूँ

अपने को किसी तरह दूसरों से बाँधे हुए
एक अदम्य साहस—एक ढीठ उत्सव।

हमारे पास एक भाषा है
जिसमें मैंने जीना सीखा—
तुम सोचते हो इसलिए लगता है
कहीं न कहीं तुम्हारे शब्द
मेरी इच्छाओं को व्यक्त करते हैं।

हम मिलते हैं
कभी युद्धों की छाया में
कभी शान्त वनों में
खोजते हुए
मैत्री के उन सबसे मार्मिक सूत्रों को
जो सही अर्थों में वैश्विक हों।

हम खड़े हैं
एक निर्धारित समझौते की
चमकती सन्धि-रेखा पर,
जो तलवार की धार की तरह पैनी है।

कितना रहस्यमय है तुम्हारा स्पर्श
कि इतना जीकर भी उतना ही प्यासा हूँ

इतना पाकर भी उतना ही आकांक्षी,
सब कुछ जान कर भी उतना ही अनभिज्ञ,
बार बार चाही हुई चीज़ों को
भरपूर पाकर भी उतना ही अतृप्त,
हर क्षण समाप्त होते हुए भी
उतना ही असमाप्त।

❑❑❑